manquement : bavardage en KET

> *"On ne raisonne justement qu'avec une* ***syntaxe rigoureuse*** *et un* ***vocabulaire exact****... Il arrive souvent que* ***les hommes s'entrégorgent pour des mots qu'ils n'entendent*** [1] ***pas"****.*
>
> Anatole FRANCE
>
> (1) Entendre = comprendre *(voir ce mot).*

NE DITES PAS...
mais DITES...

à ou **de**

On dit :

Le chapeau **de** Paul (*et non* **à** Paul)
La fête **de** mon oncle (*et non* **à**...)
C'est la fille **de** mon voisin.

Un pot **à** eau (***destiné à contenir***
Un pot **d**'eau (***qui con***

de même :

Un pot **à** l
Une tasse
Un verre **à**

On peut dire :

C'est à vous à*... ou c'est à vous* **de**...
C'est à vous à jouer *ou*... **de** jouer.
C'est à elle à faire *ou*... **de** faire.
C'est à Laurent à décider *ou*... **de** décider, etc.

- D'après l'Académie, **à** entraîne une idée de ***"tour"*** et **de** une idée de ***"devoir, d'obligation"****.*

  En fait, cette distinction (qualifiée d'***oiseuse*** par Littré) n'est pas observée et on emploie indifféremment **à** ou **de.**

à ou **ou**

— *Entre deux nombres,* on peut employer **à** si la quantité intermédiaire est **divisible.**

> ***Deux* à *trois*** mètres (2,50 m, 2,80 m), ***sept* à *huit*** francs (7,30 F, 7,50 F), des groupes de ***quinze* à *vingt*** hommes(16,18).

— On doit employer **ou** dans le cas contraire.

> ***Deux* ou *trois*** chevaux, ***cinq* ou *six*** avions, des équipes de ***sept* ou *huit*** ouvriers.
>
> **Un** cheval, **un** avion, **un** ouvrier ne peuvent être fractionnés.

- *Deux* **à** *trois* mètres = 2,30 m, 2,70 m. etc.
  Deux **ou** *trois* mètres = 2 m **ou bien** 3 m.

à ce que ou **que**

— Les verbes ***aimer, consentir, demander, s'attendre,*** se construisent généralement avec **que.**

> Il ***aime*** **qu**'on le flatte.
> ***Consentez***-vous **qu**'il m'accompagne ?
> Il ***demande*** **qu**'on le prévienne.
> On peut ***s'attendre*** **que** les prix augmentent encore.

— D'autres verbes ou locutions verbales se construisent avec **à ce que :**

s'accoutumer, s'appliquer, contribuer, se décider, s'employer, s'exposer, gagner, s'habituer, s'intéresser, s'opposer, se refuser, se résigner, se résoudre, tendre, tenir, travailler, veiller, voir, ... avoir intérêt, être attentif, etc.

> Il ***s'oppose*** **à ce que** vous occupiez un tel poste.
> Vous ***avez intérêt*** **à ce que** tout soit en ordre.

- **Consentir, s'attendre :** dans la langue courante, la construction avec **à ce que** est admise.
  On ***s'attend*** **à ce qu**'il soit réélu.
  Je ***consens*** **à ce qu**'il vienne.
- **De manière que, de façon que** (et non ***à ce que***)
  Il se place ***de façon*** **qu**'on le voie bien.
  J'ai agi ***de manière*** **que** vous ne soyez pas lésé.

NE PAS CONFONDRE...

abhorrer

avoir en horreur, détester.

Abhorrer le mensonge.

arborer

élever, déployer ; porter d'une manière apparente.

Arborer un drapeau
Arborer un insigne.

---

abjurer

renoncer solennellement à une religion, à une opinion.

Henri IV **abjura** en 1593.

adjurer

supplier avec insistance.

Je t'**adjure** de dire la vérité.

---

abuser

tromper.

Il **abuse** ses amis.

abuser (*de*)

user mal, avec excès.

Abuser de sa force.

---

acceptation

action d'accepter.

Acceptation d'une offre, d'une traite.

acception

1 - sens, signification d'un mot.

Acception propre, figurée.

2 - préférence

Sans **acception** de personne, de fortune.

accident
événement imprévisible, ordinairement malheureux.

Un **accident** d'avion.

incident
petit événement survenant au cours d'un fait principal, d'une action.

La manifestation s'est déroulée sans **incident.**

- Un coureur cycliste s'accroche à une voiture et est pénalisé : **incident.**
  Un autre fait une chute et se blesse : **accident.**

---

acculer
pousser dans un endroit où tout recul est impossible.

Acculer un ennemi à la mer.

Au figuré :

mettre dans une situation pénible, contraindre.

Acculer quelqu'un au désespoir.
Être **acculé** à la faillite.

éculer
déformer, en marchant, le talon des chaussures.

Des souliers **éculés.**

âcre
piquant, irritant à l'odorat, au goût.

Une fumée **âcre.**

âpre
rude au goût, au toucher. (*sens moins fort* que ***âcre***)

Ces fruits verts sont **âpres.**

Au figuré :

dur, violent.

La lutte fut **âpre.**

---

adhérence
état d'une chose qui tient fortement à une autre.

L'**adhérence** des pneus au sol.

adhésion
action de s'inscrire à une association, à un parti...

Ce syndicat a enregistré de nombreuses **adhésions.**

affaire - à faire

Avoir **affaire** ou *avoir* **à faire** ?

De ces deux expressions, qui ont le même sens, ***avoir* affaire** est la forme la plus courante.

— On écrit *avoir* **à faire** *(en trois mots)* lorsqu'il y a un ***complément d'objet direct.*** Il s'agit alors du **verbe faire,** qui seul peut avoir un **c.o.d.**

Nous avons **à faire** un ***travail*** urgent ***(travail : c.o.d.)***

— On écrit **avoir affaire** *dans tous les autres cas.*

Vous aurez **affaire** à notre architecte *(à discuter avec)*

- **Avoir affaire *avec*** marque un rapport d'***égal*** à ***égal.***

  Le professeur **a affaire *avec*** son collègue.

- **Avoir affaire *à*** marque plutôt un rapport d'***inférieur*** à ***supérieur,*** de ***faible à fort.***

  L'employé **a affaire *à*** son chef de bureau.
  Vous **aurez affaire *à*** moi ! *(menace).*

- On écrit :

  Avoir **affaire** à forte partie,
  mais : *Avoir* fort **à faire.**

---

affliger

causer un vif chagrin.

Sa mort **a affligé** tous ses amis.

infliger

frapper d'une peine.

Infliger une contravention, un châtiment.

---

agonir

accabler

Agonir d'injures, de sottises (*et non* ***agoniser***)

agoniser

être à l'agonie, "à l'article de la mort"

Ce vieillard **agonise.**

aller à - aller chez

On va **à** *tel lieu, tel endroit, mais* on va **chez** *quelqu'un.*

Je vais **à** la *boucherie, mais* je vais **chez** le *boucher.*

Le malade va **à** l'*hôpital, mais* il est allé **chez** le *médecin.*

Elle va **chez** le *dentiste,* **chez** le *coiffeur (et non* **au** *coiffeur)*

aller à - aller en

On circule, on va **à** bicyclette, **à** motocyclette, **à** cheval, **à** skis... *mais* on va **en** voiture, **en** avion, **en** bateau...

- On est **sur** la bicyclette, les skis... *mais* on est **dans** la voiture, l'avion...

---

alternative

1 - choix entre deux solutions, deux possibilités, souvent opposées.

Il se trouve devant cette **alternative** : continuer l'ascension ou redescendre au chalet.

2 - succession de choses qui reviennent tout à tour.

Des **alternatives** de douceur et de violence.

- *On est placé,* on *hésite* **devant une** *alternative.* (et non **entre deux** *alternatives*)
- **Alternative** a pour synonyme **alternance,** qui est aujourd'hui d'un emploi très fréquent.

  L'**alternance** des saisons, des cultures.
  Des **alternances** de doute et de foi.

dilemme

obligation de choisir entre deux propositions contradictoires *et présentant l'une et l'autre des inconvénients.*

C'est pour lui un affreux **dilemme** : il sait que son ami est le vrai coupable ; va-t-il le dénoncer ou laisser condamner un innocent ?...

aménager

disposer avec ordre, arranger.

Aménager un local.

emménager

s'installer avec ses meubles dans un nouveau logement.

Emménager dans un appartement plus confortable.

---

amener - emmener

amener : on considère le point d'***arrivée.***

emmener : on considère le point de ***départ.***

J'**amène** un ami à la maison *(arrivée).*

Demain, je l'**emmènerai** à la campagne *(départ).*

apporter - emporter

apporter : point d'***arrivée.***
emporter : point de ***départ.***

Je vous **apporte** quelques roses.

Les voleurs ont **emporté** les bijoux.

- **Amener** ou **apporter** ?...
  - **Amener** suppose un ***contact avec le sol.***

    On **amène** une ***personne*** *(ami, client)*, un ***animal*** *(chien, vache).*

  - **Apporter** renferme une idée de ***fardeau.***

    On **apporte** un ***objet*** *(table, outil)*, un ***petit animal*** *(canari, tortue, lapin)*, un ***bébé***...

- **Emmener - emporter :** mêmes remarques que pour *amener* et *apporter.*

  On n'**emmène** pas ses meubles, mais on les **emporte.**

amnistie

pardon collectif

Ce condamné a bénéficié d'une **amnistie.**

armistice

suspension des hostilités.

L'ennemi a demandé l'**armistice.**

---

amoral

qui n'a aucune notion de la morale, qui est indifférent à ses règles.

immoral

qui connaît les règles de la morale, mais les viole ; contraire à la morale, aux bonnes mœurs.

Cette revue est **amorale** plutôt qu'**immorale.**

---

analogue

qui a une *certaine* ressemblance, comparable.

Remplacer un mot par un autre de sens **analogue.**

Je me trouve dans une situation **analogue** à la vôtre.

identique

qui est *exactement, parfaitement* semblable.

Ils aboutirent à des conclusions **identiques.**

Des goûts, des opinions **identiques.**

---

anoblir

accorder un titre de noblesse.

Son ancêtre fut **anobli** par Louis-Philippe.

ennoblir

donner de la noblesse, de la dignité.

La vertu **ennoblit** l'homme.

antan (d')

l'année d'avant, l'année dernière.

> • Ce terme est souvent employé, aujourd'hui, au sens d'**autrefois,** de **temps passé.**
> Oublions les querelles d'**antan.**

naguère

dans un passé proche, il n'y a **guère** de temps.
Je l'ai rencontré **naguère.**

jadis

dans un passé lointain, il y a longtemps.
Ce palais fut **jadis** la demeure du roi.

---

antidater (préf. *anti* = *avant*)

mettre une date ***antérieure*** à la date réelle.
Antidater une lettre, un contrat.

postdater (préf. *post* = *après*)

mettre une date ***postérieure*** à la date véritable.
La loi interdit d'***antidater*** ou de **postdater** un chèque.

---

apurer

vérifier, reconnaître un compte exact.
Des comptes **apurés.**

épurer

rendre pur, plus pur.
Épurer de l'eau, de l'huile.

---

avènement

1 - élévation à une dignité suprême, accession au pouvoir.
L'**avènement** de Louis XIV.

2 - arrivée, venue.
L'**avènement** du christianisme.

événement

fait d'une certaine importance.
Un mariage est un **événement** heureux.

bailler *(sans accent)*

n'est plus employé aujourd'hui que dans certaines expressions

Vous me la **baillez** bonne, belle *(= vous voulez m'en faire accroire,* c'est-à-dire ***me tromper).***

bâiller *(avec accent)*

ouvrir la bouche.

Cet enfant **bâille** de sommeil, de fatigue...

bayer *(autre forme de **béer**)*

n'est plus guère usité que dans la locution :

Bayer aux corneilles *(perdre son temps en regardant niaisement en l'air).*

---

blanchiment

action de blanchir, de rendre blanche une chose qui ne l'est pas ***naturellement.***

Le **blanchiment** d'une façade, de la pâte à papier.

blanchissage

lavage du linge pour le rendre plus propre, plus ***blanc.***

Envoyer du linge au **blanchissage.**

- Le **blanchissage,** c'est aussi l'action de ***raffiner le sucre*** pour le rendre ***blanc.***

---

capter

1 - recueillir.

Capter les eaux d'une source.

2 - recevoir, intercepter.

Capter un message, une émission de radio.

3 - chercher à attirer à soi, par adresse, par ruse.

Capter la confiance de quelqu'un.

capturer

s'emparer d'un être ou d'une chose ***en mouvement.***

Capturer un malfaiteur, un navire.

captiver

retenir l'attention, charmer, séduire.

Captiver un auditoire.

carnassier *(adj. et nom)*

se dit d'un animal qui chasse des proies ***vivantes*** pour les dévorer ou sucer leur sang.

Le tigre, le loup, la belette sont des **carnassiers,** des *animaux* **carnassiers.**

carnivore *(adj. et nom)*

qui se nourrit de chair, *mais* ***pas exclusivement.***

L'homme, le chien sont **carnivores.**

Les plantes **carnivores** capturent et digèrent les insectes.

---

causer

s'entretenir familièrement ***avec*** quelqu'un.

Il **cause** ***avec*** son voisin (*et non* ***à*** son voisin).

Il **cause** ***avec*** lui (*et non :* il lui cause)

parler

articuler des sons, s'exprimer.

D'après l'Académie, on dit aussi bien :

Parler **à** quelqu'un *que* parler **avec** quelqu'un.

- Il **parle** français, anglais, patois (*et non :* il ***cause...***)

---

cavalier

personne à cheval.

Un excellent **cavalier.**

chevalier

au Moyen Age, noble admis dans l'ordre de la chevalerie ; aujourd'hui, membre d'un ordre honorifique.

Bayard, le **chevalier** sans peur et sans reproche.

Chevalier de la Légion d'honneur, des Palmes académiques

---

cessation (du verbe *cesser*)

interruption, arrêt.

La **cessation** des hostilités.

cession

action de ***céder*** un droit ou un bien.

La **cession** d'un fonds de commerce.

c'est - ce sont

On emploie **ce sont** devant un *nom* (ou un *pronom* de la *3e personne*) au *pluriel.*

Ce sont de bons *amis.*

Ce sont *eux* que j'ai vus.

Le *singulier* est cependant courant dans la langue familière :

C'est les *voisins* - **C'est** *eux.*

Il faut employer **c'est** devant *nous* et *vous.*

C'est *nous* qui avons gagné (*et non* *qu'on a...*)

---

chacun - chaque

Chaque, *adjectif* indéfini, ne peut remplacer **chacun,** *pronom* indéfini.

On dira :

Ces livres coûtent vingt francs **chacun.**
(*et non* vingt francs *chaque*)
ou **Chacun** de ces livres coûte vingt francs.

---

changer - échanger

au sens de ***céder une chose et en recevoir une autre en contrepartie*** *(après accord)* ces deux verbes peuvent s'employer indifféremment, mais avec la préposition **contre**

Changer ou **échanger** son studio *contre* celui du voisin.

Échanger ou **changer** des billets *contre* des pièces.

- **Changer** peut aussi être construit avec *pour.*
  Il **change** ses bijoux *pour* des tableaux.
- Si les choses qu'on cède, et celles qu'on reçoit, sont ***de même nature,*** on emploie le verbe **échanger.**
  Les collectionneurs **échangent** des timbres, des tableaux... (*sous-entendu...* ***contre*** des timbres, des tableaux)
- On dira de même :
  Échanger des lettres, des cadeaux, des billes...
- *Au figuré :*
  Échanger un regard, des idées...

cligner

fermer les yeux à demi pour mieux voir.

Les myopes **clignent** les yeux.

clignoter

remuer rapidement les paupières.

Une lumière trop vite fait **clignoter** les yeux.

---

clore - clôturer

au sens d'***entourer d'une clôture,*** ces deux verbes peuvent s'employer indifféremment.

Clore ou **clôturer** un pré, un jardin.

Dans tous les autres cas, on emploiera le verbe **clore.**

Clore un passage, **clore** les paupières *(= fermer).*

Clore un débat, une séance, une enquête *(= mettre un terme)*

L'incident **est clos** (*et non* ***clôturé***).

---

coasser - croasser

La grenouille **coasse,** le corbeau **croasse.**

---

collègue

Ce terme est utilisé entre personnes exerçant la même fonction publique : ***ministres, députés, magistrats, fonctionnaires...***

Notre professeur est très estimé de ses **collègues.**

confrère

Les membres d'une même société littéraire ou religieuse, d'une même profession libérale : ***académiciens, prêtres, médecins, avocats, journalistes...*** se traitent de **confrères.**

En publiant un tel article, ce journaliste s'expose aux critiques de ses **confrères.**

collision

choc de deux corps.

Deux voitures sont entrées en **collision.**

collusion

entente secrète entre deux ou plusieurs personnes pour ***tromper quelqu'un*** ou ***lui faire du tort.***

La **collusion** des témoins a fait condamner un innocent.

---

colorer

donner de la couleur.

Le soleil **colore** les fruits.

Colorer un liquide.

Au figuré :

imagé, expressif.

Un style, un langage **coloré.**

colorier

appliquer des couleurs sur... à l'aide d'un crayon, d'un pinceau.

L'enfant **colorie** un dessin.

- Nom correspondant à **colorer** : *coloration,* à **colorier** : *coloriage.*

  La **coloration** de la peau.

  Un album de **coloriages.**

---

compréhensible

qui peut être compris facilement.

Un raisonnement, des paroles **compréhensibles.**

compréhensif

qui comprend les autres, indulgent.

Un père **compréhensif,** une mère **compréhensive.**

comprimer

presser avec force, de façon à réduire à un moindre volume.

Comprimer une artère pour éviter l'hémorragie.

On **comprime** les gaz *(air comprimé).*

> • Les *noms* **compresse, compression,** les *adjectifs* **compressible, compressif,** correspondent au verbe **comprimer** (L'ancienne forme **compresser** n'est plus usitée.)

---

concentré

dont on a éliminé une partie de l'eau.

Du lait **concentré.** Alcool, acide **concentré.**

condensé

qui est passé de l'état gazeux (*ou* de vapeur) à l'état liquide.

La pluie est de la vapeur d'eau **condensée.**

> • On dit souvent : du lait **condensé.** Mais on voit bien, d'après les définitions ci-dessus, que ***ce terme est impropre.***
>
> • Un **condensé** est un ***résumé succinct*** d'un texte, d'une œuvre littéraire.
>
> Cette revue publie des **condensés** de romans.
>
> • *Au figuré :*
>
> *Un esprit* **concentré** *(attentif, réfléchi).*
>
> *Une colère* **concentrée** *(qui ne s'extériorise pas).*

---

confiance

— **avoir confiance dans :** devant un ***nom*** précédé de l'***article.***

Avoir confiance **dans** *une* tentative, **dans** *l'*avenir.

— **avoir confiance en :** dans les autres cas.

*J'**ai confiance*** **en** lui. ***Avoir confiance*** **en** soi.

• On **fait confiance à** quelqu'un *(on se fie à lui).*

conjecture

supposition, hypothèse.

Se perdre en **conjectures.**

Conjecture trompeuse.

conjoncture

situation due à une rencontre de circonstances.

Une **conjoncture** économique favorable.

---

conséquent

qui est logique, dont les paroles et les actes ne sont pas en contradiction.

Un homme **conséquent** dans sa conduite.

- Il faut éviter de donner à **conséquent** le sens d'*important, considérable.*

  On ne dira pas :

  Une ville *conséquente,* mais **importante.**

  Une fortune *conséquente,* mais **considérable.**

---

consommer

détruire une chose ***dans un but utile,*** en faire usage pour subsister, pour obtenir de la chaleur, de l'énergie...

Consommer de la viande, des fruits, du vin.

Cette chaudière peut **consommer** du fuel ou du charbon.

Notre voiture **consomme** peu d'essence.

consumer

détruire, anéantir ***(sans but utile)***

Le feu **a consumé** tout le bâtiment.

- On dit aussi :

  Consommer dans un café *(prendre une boisson)*

  Consommer un forfait *(achever)*

  Un diplomate **consommé** *(habile, expérimenté)*

- *Au figuré :*

  consumer signifie : épuiser, faire dépérir..

  Le chagrin **consume** cette femme.

corsaire

celui qui recevait de son gouvernement ***l'autorisation*** de capturer, ***en temps de guerre seulement,*** les vaisseaux marchands ***de l'ennemi*** et d'en tirer profit.

Jean-Bart fut un célèbre **corsaire.**

pirate

aventurier qui courait les mers pour voler, piller. Les pirates attaquaient ***sans distinction tous les navires,*** même ceux de leur propre nation.

La tête de mort était l'emblème des **pirates.**

---

déceler

découvrir ce qui était caché.

Déceler une fuite de gaz.

La police **décèle** un complot.

desceller

1 - briser le ***sceau,*** le cachet.

Desceller un acte.

2 - arracher, détacher une pièce de bois, de métal, fixée dans la pierre, le béton...

Le maçon **descelle** les gonds du portail.

---

denté - dentelé

Ces deux adjectifs sont *synonymes :*

Denté est surtout un terme *technique.*

Un pignon **denté.** Une roue **dentée.**

Dentelé est utilisé *en anatomie.*

Muscle **dentelé.**

- En *botanique,* on dit :
  Une feuille **dentelée** ou **dentée.**
- En *anatomie :*
  Une mâchoire bien **dentée.**

dentition

formation et sortie naturelle des dents.

La **dentition** de lait. Un retard de la **dentition.**

denture

ensemble des dents d'une personne, d'un animal.

Cette femme a une belle **denture** (*et non dentition*)

- On dit aussi :

La **denture** d'un pignon, d'une scie.

---

désaffectation

changement de destination d'un local, d'un édifice, d'une somme...

La **désaffectation** d'une caserne *(transformée en...musée).*

désaffection

perte de l'affection, de l'attachement qu'on éprouvait pour une personne, un régime...

La **désaffection** du peuple pour la monarchie.

---

détourner (se)

se tourner *d'un autre côté* **pour ne pas voir** (ou **être vu**).

retourner (se)

regarder *derrière soi* **pour voir** quelqu'un ou quelque chose.

---

diversion

action qui détourne l'attention.

Un long voyage sera une **diversion** à son ennui.

divertissement

distraction, amusement.

La chasse est son **divertissement** favori.

donateur

celui qui **fait** un don, une donation.

donataire

celui qui **reçoit** une *donation.*

écouter

prêter l'oreille pour entendre les sons *(suppose un effort d'attention).*

Parlez, je vous **écoute.**

entendre

recevoir l'impression des sons par l'ouïe *(sans effort d'attention)*

Entendre un bruit, le son des cloches.

Le maître parle, l'élève somnole : il **entend** mais **n'écoute pas.**

- On ne dit pas :

  Je l'ai **écouté dire,** *mais* je l'ai **entendu dire.**

- **Entendre** a cependant, parfois, le sens :

  1 - *d'écouter.*

  Aller **entendre** un concert, un orateur...

  Entendre des témoins...

  2 - de **comprendre**

  Il n'**entend** pas le français.

égailler (s')

prononcer ***é-ga-yé (egaje)***

se disperser, s'éparpiller.

Les enfants **s'égaillèrent** dans la forêt.

égayer (s')

prononcer ***é-ghè-yé (egeje)***

se distraire, s'amuser.

Ils **s'égayent** aux dépens de leur collègue un peu naïf.

égaler

être égal à, atteindre au niveau de

7 multiplié par 4 **égale** 28 (*et non* ***égalent*** ou ***égal***)
Égaler un record.
L'élève **égalera** bientôt le maître.

égaliser

1 - rendre égal.

Égaliser les cheveux, les parts...

2 - aplanir, niveler.

Égaliser une allée, un terrain de sport.

élucider

rendre clair, compréhensible.

Élucider une question, un passage obscur d'un texte.
L'enquête permettra d'**élucider** le mystère.

éluder

éviter avec adresse, par un faux-fuyant ; esquiver.

Éluder une question, une difficulté.

émerger *(ex (é) = hors de)*

sortir ***hors d'*** un liquide ; se montrer.

Des rochers **émergent** à marée basse.
La lune **émerge** à l'horizon.

immerger *(in (im) = dans)*

enfoncer, plonger ***dans*** un liquide.

Immerger un câble téléphonique.

submerger *(sub = sous)*

faire disparaître ***sous*** l'eau.

Le raz de marée **submergea** la digue.

- Noms correspondants : *émerger,* **émersion** - *immerger,* **immersion** - *submerger,* **submersion.**
- *Au figuré :*

  Le service d'ordre fut **submergé** par les manifestants (fut *débordé).*

  Être **submergé** de travail (être *surchargé)*

émigrer - immigrer *(et leurs dérivés)*

Ces deux verbes sont de ***sens contraire.***

On **émigre** *d'*un pays pour **immigrer** ***dans*** un autre.

Prenons un exemple :

Un ***Portugais*** quitte son pays et vient travailler ***en France.***

— ***Pour ses compatriotes qui restent au pays.***

Ce ***Portugais*** **émigre,** c'est un **émigrant.** Ils le considèreront comme un **émigré** lorsqu'il se sera installé en France pour y vivre un certain temps, ou définitivement.

— ***Pour les Français qui l'accueillent.***

Ce ***portugais*** **immigre,** c'est un **immigrant.** Il deviendra pour eux un **immigré** dès qu'il se sera fixé en France.

- Noms correspondants : **émigration, immigration.**
- Ceux qui ***émigrent*** ou ***immigrent*** effectuent un déplacement, une **migration** ; ce sont des **migrants.**
- Certaines ***espèces animales*** accomplissent aussi des **migrations ;** *cigognes, hirondelles, saumons...*

éminent

remarquable, au-dessus du niveau commun

Il a rendu d'**éminents** services.
Un juriste **éminent.**

imminent

qui est ***sur le point*** de se produire ; qui menace pour un avenir ***très prochain.***

Son départ est **imminent.**
Un danger **imminent.**

emmêler

mêler, brouiller des objets *identiques.*

Ses cheveux sont **emmêlés.**

Au figuré :

C'est une affaire bien **emmêlée.**

entremêler

mêler les unes aux autres des choses *différentes.*

Entremêler des fleurs et des rubans.

Au figuré :

Il **entremêle** souvent compliments et reproches.

---

enfantin

qui a le caractère de l'enfance, peu compliqué, facile.

C'est d'une simplicité **enfantine.**

Une naïveté **enfantine.**

infantile

relatif à l'enfant en bas âge.

La mortalité **infantile.**

Sens péjoratif :

Un comportement **infantile.**

---

entrer

aller à l'intérieur de.

Le voleur est **entré** par la fenêtre.

rentrer

retourner dans un lieu *d'où l'on est sorti* ; entrer *de nouveau*

Elle est inquiète, son fils n'est pas encore **rentré.**

- **Entrer** signifiant aller *dedans,* à l'*intérieur,* on ne doit pas dire :

  « **Entrez** *dedans* » ou « **Rentrez** *à l'intérieur* »

  mais simplement :

  « **Entrez** », *ou* « **Rentrez** ».

épigramme *(une)*

petit poème satirique ; mot railleur et piquant.

Il décocha une **épigramme** contre son rival.

épigraphe *(une)*

inscription sur un ***édifice*** ; courte citation en tête d'un livre.

Le Panthéon porte en **épigraphe :**
"Aux Grands Hommes, la Patrie reconnaissante"

épitaphe *(une)*

inscription sur une **tombe.**

"Ci-gît" ; "Ici repose"

érotique

qui se rapporte à l'amour, à la sexualité ; qui tend à exciter l'instinct sexuel.

Un roman **érotique.**

ésotérique

obscur, incompréhensible aux personnes qui ne sont pas initiées.

Un langage **ésotérique.**

exotique

apporté de pays ***étrangers*** *(pas nécessairement de pays lointains à climat chaud, comme on le croit souvent).*

Des plantes **exotiques.** Des danses **exotiques.**

éruption

1 - rejet par un volcan de lave, de cendres...

Une **éruption** volcanique.

2 - apparition de boutons sur la peau.

Une **éruption** de furoncles.

irruption

entrée ***soudaine,*** et ***souvent violente,*** dans une salle, dans un pays...

Les malfaiteurs firent **irruption** dans le magasin.

étable - écurie

L'**étable** abrite les ***bœufs*** et les ***vaches*** ; l'**écurie** les ***chevaux,*** les ***mulets*** et les ***ânes.***

- Les ***moutons*** logent dans une **bergerie.**

éventaire

installation ***sommaire*** pour l'étalage d'objets, de marchandises à vendre.

On trouve de beaux légumes à l'**éventaire** de ce commerçant.

inventaire

liste, évaluation d'objets, de marchandises...

Un magasin fermé «pour cause d'**inventaire.**»

Avant de louer son studio, le propriétaire dresse un **inventaire.**

éviter - épargner

verbe transitif ***direct,*** **éviter** ne peut avoir de *complément d'objet* ***indirect.***

J'**évite** un obstacle, une difficulté, un inconvénient, un danger... **mais** je ne peux les **éviter**... ***à quelqu'un.***

On **épargne**... ***à quelqu'un... quelque chose.***

Épargnez-lui cette corvée, ce chagrin, cette honte *(et non* ***Évitez-lui...****).*

évoquer

faire apparaître à l'esprit, rappeler à la mémoire.

Dans son livre, il **évoque** un pays fabuleux.

On **évoque** le passé.

invoquer

appeler à son aide par une prière.

Invoquer Dieu.

Au figuré :

avoir recours à

Invoquer le témoignage d'un ami.

excuser - excuser (s')

On dit *de préférence :*

Excusez-moi...
Veuillez m'**excuser...**
Je vous prie de m'**excuser...**

- Le tour **s'excuser,** au sens de *"présenter ses excuses",* est cependant aujourd'hui parfaitement *admis (même par de très bons grammairiens).*

Je **m'excuse,** c'est une erreur...

---

explicite

qui est *formulé, énoncé* d'une façon *claire* et *précise.*

Texte, réponse **explicite.**

implicite

qui est contenu dans une proposition, un fait, *sans être formellement exprimé.*

Cette clause est contenue d'une manière **implicite** dans le contrat.

---

exprès, expresse *(adj.)*

précis, net, formel.

Défense **expresse** de fumer.

exprès *(adv.)*

à dessein, intentionnellement.

Elle est venue **exprès** pour lui parler.

exprès *(dans les P.T.T.)*

Un colis **"exprès".** Une lettre **"exprès"** *(et non* ***expresse)***
Distribution par **"exprès"** *(par* ***porteur spécial).***

express *(adj. et nom invar.)*

mot anglais qui signifie *"à grande vitesse".*

Un train **express.**
L'**express** est plus rapide que l'omnibus.
Une voie **express.** *(et non* ***expresse).***
Le **métro express régional** *(à Paris).*

- On dit aussi :
Un café **express,** un potage **express.**

flairer

sentir, percevoir l'odeur...

Le chien **flaire** la perdrix.

Au figuré :

deviner, pressentir.

Flairer un danger, un piège.

fleurer

répandre une odeur.

Les draps **fleuraient** bon la lavande.

---

former

on ***forme*** des objections, des souhaits, des vœux,... lorsqu'on les ***émet simplement.***

Je **forme** des vœux pour votre guérison.

formuler

on ***formule*** des vœux, des plaintes, une demande,... lorsqu'on les ***énonce d'une façon précise et détaillée.***

Le médecin **formule** une ordonnance.

---

globe

1 - **globe terrestre :** ***sphère*** sur la surface de laquelle est représentée la ***Terre.***

2 - **globe céleste :** ***sphère*** qui représente ***la voûte céleste,*** et sur laquelle figurent les ***constellations.***

mappemonde

carte plane représentant le ***globe terrestre*** *(ou **céleste**)* divisé en ***deux hémisphères.***

planisphère *(un)*

carte ***plane*** représentant, en ***entier,*** le ***globe terrestre*** *(ou **céleste**)*

goéland

oiseau de mer du genre mouette.

goélette

navire léger à deux mâts.

goémon

En Bretagne et en Normandie, nom donné aux ***algues marines,*** que l'on recueille sur les grèves pour amender les terres.

---

goulet

passage ***étroit*** dans les montagnes, les grottes, à l'entrée d'un port, d'une rade.

Les spéléologues n'ont pu franchir le **goulet.**

Le **goulet** de Brest.

goulot

ne s'emploie que pour désigner la partie étroite, ***le col,*** d'un récipient : ***bouteille, carafe, vase.***

- Dans le langage économique moderne :
  goulot *(ou* **goulet***)* **d'étranglement :**

  difficulté ***limitant*** ou ***retardant*** une évolution.

  Dans ce pays, le développement de l'agriculture se heurte au **goulot d'étranglement** d'une mécanisation insuffisante

---

gradation

progression par degrés successifs.

Un bon entraînement sportif suppose une **gradation** des efforts.

La **gradation** de la lumière.

graduation

action de marquer des divisions sur un instrument de mesure ; ces divisions elles-mêmes.

Les **graduations** de ce thermomètre sont très lisibles.

gradé *(adj. et nom)*

qui a, dans l'armée, un grade inférieur à celui d'officier.

Des militaires **gradés.**
Un sergent est un **gradé.**

gradué *(adj.)*

1 - progressif.

Des *exercices* de grammaire **gradués.**

2 - divisé en degrés.

Échelle **graduée.**

- **Graduer :** diviser en *degrés.*

  Au figuré : ***augmenter*** par degrés.

  Graduer les difficultés.
- Le verbe **grader** n'existe pas ; **gradé** est un dérivé de **grade.**

---

gratis *(adv.)*

sans qu'il n'en coûte rien au bénéficiaire.

La boisson est servie **gratis.**

gratuit *(adj.)*

où il n'y a rien à payer ; que l'on donne sans faire payer

Entrée **gratuite.** Consultation **gratuite.**

- **Gratuit** *(au figuré)*

  sans fondement, sans justification.

  Une supposition toute **gratuite.**
- Un **acte gratuit :**

  qui n'est pas déterminé par des motifs extérieurs.

---

gravement

d'une manière dangereuse.

Cet homme est **gravement** malade.
Elle est **gravement** blessée.

grièvement

cet adverbe, *synonyme* de **gravement,** ne s'emploie plus que dans la locution **grièvement blessé.**

hiberner

passer l'hiver ***dans un état d'engourdissement*** *(en parlant de certains animaux, comme l'**escargot,** la **chauve-souris,** le **loir,**...)*

La marmotte **hiberne** dans un terrier.

hiverner

passer ***à l'abri*** la mauvaise saison.

Les troupeaux des Alpes **hivernent** dans les vallées.

Une partie de la flotte **hiverne** dans ce port.

- On dit aussi :

  Hiverner une terre *(la labourer avant l'hiver).*

---

hindou

non commun - désigne un ***adepte d'une religion,*** **l'hindouisme** *(et non un habitant de l'Inde).*

Dans ce pays, l'opposition est vive entre **hindous** et musulmans.

Indien

nom propre - qui sert à désigner, à la fois, les **habitants de l'Inde** et les **indigènes de l'Amérique,** pays que les premiers navigateurs prirent pour les Indes.

- Pour éviter toute confusion, on précise souvent :

  Les **Indiens** d'Asie *(Inde).*

  Les **Indiens** d'Amérique, ou **Amérindiens.**

- **hindou, indien,** sont aussi employés ***adjectivement.***

  Des rites **hindous.**

  En file **indienne.**

- **Hindou** *(nom propre)*

  ce terme est encore employé ***à tort,*** en France, pour désigner un habitant de l'Inde.

homogène - hétérogène

homogène : qui est composé d'éléments de ***même nature ;*** qui a une grande unité.

Un mélange, une pâte **homogène.**

Une équipe, un ministère **homogène.**

hétérogène : contraire d'*homogène.*

Une classe **hétérogène** *(dont les élèves sont de niveau très différent).*

---

hôte, hôtesse

personne qui offre l'hospitalité, ***qui reçoit quelqu'un*** *(avec ou sans rétribution).*

Nos **hôtes** étaient charmants, mais il fallait partir.

hôte *(masc. et fém.)*

ce terme désigne aussi la personne ***qui est reçue :***

«Installez-vous ici, vous êtes mon **hôte**», dit-elle à son amie. *(fém.* **hôte,** *et non* **hôtesse***).*

Ce chef d'État est l' **hôte** de la France.

- Afin d'éviter toute équivoque, il est parfois préférable d'employer les termes :

  hôtelier,... client, lorsque l'hébergement est ***payant,*** et **maître, maîtresse de maison,... invité,** dans le cas contraire.

---

houppe

1 - ***assemblage de fils*** de soie, de laine, formant une touffe.

Houppe à poudre de riz.

2 - ***touffe de cheveux,*** de poils, de plumes.

Riquet à la **houppe.**

huppe

touffe de plumes sur la tête de certains oiseaux ; ***oiseau*** passereau de la grosseur d'un merle.

La **huppe** d'une alouette.

humain

1 - qui concerne ***l'homme,*** qui lui est propre.

L'espèce **humaine.** Le corps **humain.**

2 - bon pour les autres hommes, bienveillant, compréhensif.

On ne peut être juste si l'on n'est pas **humain.**

humanitaire

qui vise au bien-être de ***l'humanité,*** qui s'intéresse à ses problèmes.

L'Organisation mondiale de la Santé ***(O.M.S.)*** est une institution **humanitaire.**

humaniste *(nom et adjectif)*

celui qui a une connaissance approfondie des langues et des littératures anciennes (grecques, latines), dites **humanistes.**

---

inclinaison

état de ce qui est incliné, oblique.

L'**inclinaison** d'un mur, de la Tour de Pise.

inclination

action de pencher la tête ou le corps en signe d'acquiescement ou de respect.

Il la salua d'une **inclination.**

Au figuré :

affection, amour ; tendance naturelle à quelque chose.

Avoir de l'**inclination** pour quelqu'un.

Inclination au bien.

---

inculper

accuser ***officiellement*** quelqu'un d'un crime ou d'un délit.

Cet homme est **inculpé** de meurtre.

inculquer

faire entrer une chose dans l'esprit, ***d'une façon durable.***

Inculquer à un élève les rudiments de la grammaire.

infecter

souiller, contaminer ; empuantir.

Une plaie **infectée.**

Cette usine de produits chimiques **infecte** l'atmosphère.

infester

1 - ravager, désoler par des actes de violence.

Les brigands **infestaient** la région.

2 - pulluler, envahir.

Les moustiques **infestent** les marécages.

---

influencer

exercer une influence, un ascendant.

Influencer quelqu'un, les opinions de quelqu'un.

Il se laisse **influencer** par de mauvais camarades.

influer *(sur)*

exercer, sur une personne ou sur une chose, une action qui tend à la modifier.

La maladie **influe** sur le caractère.

Les conseils de ses amis ont **influé** sur sa résolution.

---

intense

d'une grande force, qui ***"dépasse la mesure ordinaire".***

Froid **intense.** Circulation **intense.**

intensif

qui est l'objet de gros efforts pour accroître le rendement, pour ***"dépasser la mesure ordinaire".***

Un entraînement **intensif.**

La culture **intensive** des légumes.

- **Intense, intensif :** ces deux adjectifs s'appliquent aux *choses* et contiennent tous deux l'idée de ***"dépassement".***

  Avec **intense,** le ***"dépassement"*** n'est pas ***voulu, organisé,*** tandis qu'avec **intensif** il est ***recherché systématiquement.***

lagon

étendue d'eau au centre d'un récif ***corallien.***

Le **lagon** de Bikini.

lagune

étendue d'eau de mer située entre ***la terre ferme et un cordon littoral.***

Les **lagunes** de la côte du Languedoc.

- Ne pas confondre **lagune** et **lacune.**

Lacune :

ce qui manque pour compléter une chose quelconque.

Les **lacunes** d'un texte, d'une loi.
Des **lacunes** de mémoire.
Combler une **lacune.**

---

lier

serrer, attacher une ***chose*** avec un lien.

Lier une **gerbe** de blé, une **gerbe** de fleurs.

ligoter

attacher, lier solidement une ***personne,*** un ***animal,*** en les privant de l'usage de leurs membres.

Ligoter un malfaiteur.

---

luxation

déboîtement, déplacement d'un os de son articulation.

Luxation de l'épaule, de la hanche.

luxure

désir immodéré des plaisirs charnels.

La **luxure** est l'un des sept péchés capitaux.

- On n'est pas atteint d'une **luxure,** mais d'une **luxation** d'épaule. On peut **se luxer** une épaule, avoir une épaule **luxée.**

luxuriant

qui est vigoureux, qui pousse avec surabondance.

Dans la zone tropicale, la végétation est **luxuriante.**

- *Nom correspondant : **luxuriance.***

luxurieux

porté à la débauche ; qui a trait aux plaisirs de la chair.

Un homme **luxurieux.**

Des peintures **luxurieuses.**

- *Nom correspondant :* **luxure.**

---

magnificence

qualité de ce qui est magnifique ; richesse, luxe éclatant.

Recevoir ses hôtes avec **magnificence.**

La **magnificence** d'un palais.

munificence

grandeur dans la générosité, la libéralité.

Agir avec **munificence.**

- **Munificent** *(adj.)*

  Un homme **munificent** *(très généreux).*

---

manchot

oiseau palmipède de l'***Antarctique.***

Le **manchot** royal atteint un mètre de haut.

pingouin

oiseau palmipède des mers ***arctiques.***

Les **pingouins** hivernent jusque dans la Méditerranée.

marin

qui ***vit dans la mer,*** qui ***provient de la mer.***

Les algues sont des plantes **marines.**

Un monstre **marin.** Le sel **marin.**

maritime

qui ***se trouve près de la mer ;*** qui a rapport à la mer, ou à la navigation sur mer.

On distingue les ports **maritimes** et les ports fluviaux.

Les plantes, les pins **maritimes.**

Expédition par voie **maritime** (par bateau).

- Une plante **marine** vit *dans la mer,* une plante **maritime** *près de la mer.*

---

marmonner

murmurer sourdement, ***souvent avec hostilité.***

Marmonner des injures, des menaces.

marmotter

parler entre ses dents ***d'une façon confuse.***

Marmotter des prières.

---

méritant

qui a du mérite *(se dit surtout des* ***personnes****)*

Une mère **méritante.**

Des prix furent distribués aux plus **méritants.**

méritoire

digne d'éloge ou de récompense *(se dit des* ***choses****).*

Effort **méritoire.**

modéré

qui fait preuve de mesure, qui se garde de tout excès.

Être **modéré** dans ses prétentions.

Habitation à loyer **modéré** (H.L.M.).

modeste

simple, sans faste.

Un modeste **présent.** Une tenue **modeste.**

- On dit aussi :

Des prix **modestes** *(plus que modérés)*

modique

peu considérable, de faible valeur.

Des revenus **modiques.**

Des articles à prix **modiques** *(à bas prix).*

---

moulage

action de mouler, de reproduire un objet à l'aide d'un moule ; cet objet lui-même.

Le **moulage** d'une statue, d'une cloche.

Ce **moulage** en plâtre est bien réussi.

moulure

ornement, en relief ou en creux, servant à agrémenter un ouvrage d'architecture, de menuiserie,...

Moulures d'une corniche, d'un meuble.

---

mousseux

qui produit de la mousse ***(écume)***

Un vin **mousseux.**

moussu

recouvert de mousse ***(plante).***

Un toit, un arbre **moussu.**

Une pierre **moussue.**

moutonneux

qui rappelle la laine du mouton.

Ciel **moutonneux.**

Mer **moutonneuse.**

moutonnier

qui imite les autres, les suit aveuglément, sans réfléchir *(à l'exemple des moutons).*

La foule est **moutonnière.**

---

notable

1 - *(adjectif)* important, digne d'ête noté, signalé.

Un fait **notable.**

Des avantages **notables.**

Cet élève a fait de **notables** progrès.

2 - *(nom),* personne qui occupe une situation sociale importante, dans une ville, un État.

Une réunion de **notables.**

Les Assemblées de **notables** *(sous l'Ancien Régime)*

notoire *(adjectif)*

connu par un très grand nombre de personnes.

C'est un événement **notoire.**

Une avarice **notoire.**

- Un fait **notable** mérite d'être signalé.

  Un fait **notoire** est connu de tous.

- On peut dire :

  Un criminel **notoire** *(**reconnu par tous** comme un véritable criminel)*

  Un praticien **notoire** ***(célèbre, très connu).***

notabilité

synonyme du *nom* **notable,** mais dont le sens s'étend ***à tous les domaines :*** *commerce, industrie... (Plus usité aujourd'hui que* **notable.***)*.

Toutes les **notabilités** de la ville furent invitées au mariage.

notoriété

caractère de ce qui est **notoire** ; réputation due au talent, au mérite.

Il est de **notoriété** publique que...

Ses livres lui ont acquis une grande **notoriété.**

---

numération

manière d'écrire les nombres et de les énoncer.

La **numération** décimale *(base 10),* ***binaire*** *(base 2).*

numérotage *ou* numérotation

action de numéroter, de mettre un numéro d'ordre.

Le **numérotage** des rues.

La **numérotation** des billets de tombola.

---

oculiste

médecin spécialiste des maladies des yeux.

opticien

celui qui ***fabrique*** ou ***vend*** des instruments d'optique *(lunettes, microscopes, jumelles...)*

- On consulte l'**oculiste** quand on a mal aux yeux, mais on va voir l'**opticien** quand on veut acheter ou faire réparer des lunettes.
- **Oculiste** a pour synonymes : **ophtalmologiste** ou **ophtalmologue.**
- **L'ocularisté** est un fabricant d'yeux artificiels.

odorant

qui répand une odeur *(bonne* ou *mauvaise).*

Des poudres **odorantes.**

- *Contraire : inodore.*

odoriférant

qui répand une odeur *agréable.*

Le muguet est **odoriférant.**

- *Contraire :* malodorant.

parfumé

qui répand une odeur *agréable,* souvent *empruntée.*

Des glaces **parfumées** à la vanille.

Une brise **parfumée.**

---

officiel

qui émane d'une autorité constituée *(gouvernement, administration).*

Les lois, les décrets sont des textes **officiels.**

Visite, cérémonie **officielle.**

officieux

qui provient de source sérieuse, autorisée, mais *non officielle.*

Sa nomination à ce poste est **officieuse** ; elle sera *officielle* dans les prochains jours.

---

oiseleur

celui qui *capture* les oiseaux à l'aide d'un filet ou d'un piège *(sans les tuer).*

oiselier

personne dont le métier est d'*élever* et de *vendre* des oiseaux *(vivants).*

oiseux *(adj.)*

qui ne ***sert*** à rien, vain, inutile *(en parlant des **choses**)*.

Des paroles **oiseuses.** Une vie **oiseuse.**

Disputes, questions **oiseuses.**

oisif *(adj. et nom)*

qui ne ***fait*** rien, désœuvré.

Les gens **oisifs** ne sont pas toujours heureux.

Travailleurs et **oisifs** se côtoient dans la rue...

paresseux *(adj. et nom)*

qui ne ***veut*** rien faire, qui n'aime pas travailler.

Des élèves **paresseux.**

Un **paresseux** n'est pas forcément un sot.

---

ombragé

se dit d'un lieu où des feuillages donnent de l'ombre.

Sentier **ombragé** - Place **ombragée.**

ombrageux

qui a peur de son ombre ou de tout ce qui le surprend *(en parlant d'un **animal**)*.

Un cheval, un mulet **ombrageux.**

Au figuré :

qui voit partout des dangers et des pièges, susceptible, très méfiant.

C'était un célibataire **ombrageux.**

- **Ombreux** *(poétique)* :

  qui donne de l'ombre.

  Forêt **ombreuse.**

- **Ombré :**

  où les ombres sont marquées à l'aide d'un crayon ou d'une plume.

  Dessin **ombré.**

oppresser

presser fortement, gêner ***la respiration.***

La chaleur m'**oppresse.**

Ce malade est **oppressé** *(il a l'impression d'étouffer).*

Au figuré :

étreindre, tourmenter.

Les souvenirs parfois nous **oppressent.**

opprimer

accabler par un abus d'autorité, par la violence. *(s'applique surtout à un **groupe humain, social**).*

Opprimer les peuples, les faibles.

Les minorités sont souvent **opprimées.**

- **Oppresser** et **opprimer** ont un dérivé commun : **oppression.**

---

passagère *(adj.)*

de peu de durée, éphémère.

Une douleur **passagère.**

passante *(adj.)*

où il passe beaucoup de gens, très fréquentée.

Une rue **passante** *(et non **passagère**).*

---

pétrolier

qui a rapport au pétrole.

Produits **pétroliers** - Industrie **pétrolière.**

pétrolifère

qui ***contient,*** qui ***fournit*** du pétrole.

Des terrains, des gisements **pétrolifères.**

pire *(contraire de **meilleur**)*

plus mauvais.

La guerre est le **pire** des maux.

pis *(contraire de **mieux**)*

plus mal.

Qu'y a-t-il de **pis** que cela ?

Quelques expressions avec :

— **pire** *(en opposition à **meilleur**)*

Craindre, envisager le **pire.**

Unis pour le ***meilleur*** et pour le **pire.**

De deux maux, il faut éviter le **pire.**

La politique du **pire.**

Il n'est **pire** eau que l'eau qui dort.

— **pis** *(en opposition à **mieux**)*

Tant **pis** *(tant **mieux**)* - Il va **pis** *(Il va **mieux**)*.

De mal en **pis** - De **pis** en **pis.**

Il s'attendait à **pis** *(à **mieux**)*

Être ennemis **pis** que jamais.

Mettre les choses au **pis** *(et non au **pire**)*.

Dire **pis que pendre** de quelqu'un *(le plus de mal possible)*

Cette solution ne peut être qu'un **pis aller** *(on doit s'en contenter faute de mieux)*.

Elle est sotte et, **qui pis est,** méchante. *(ce qui est plus fâcheux)*.

Au pis aller, ils seront de retour avant la nuit. *(en mettant les choses au plus mal)*.

- On ne dit pas : *plus* **pire** *(= plus **plus mauvais**)*, *plus* **pis,** *moins* **pire,** *moins* **pis,** mais on peut dire :

  encore **pire,** *bien* **pire,** *encore* **pis,** *bien* **pis.**

  Le premier est mauvais, le second est ***encore*** **pire.**

  C'est ***bien*** **pis** que je ne pensais.

planter

c'est mettre en terre, pour qu'ils poussent :

— de ***jeunes végétaux*** *(choux, salades).*
— des ***arbustes*** *(poiriers, sapins).*
— des ***tubercules*** *(pommes de terre, topinambours).*
— de ***grosses graines*** *(haricots, pois),* des ***pépins.***
— des ***noyaux*** *(d'abricots, de cerises).*

semer

ne se dit que des ***petites graines,*** que l'on ***répand*** sur une terre préparée.

On **sème** des ***radis,*** des ***carottes,*** du ***blé.***
On **sème** ***en lignes, à la volée.***

Au figuré :
répandre, propager.

Semer de faux bruits.
Semer la discorde, la terreur.

---

plier

faire un ou plusieurs ***plis,*** en rabattant une chose souple sur elle-même.

Plier un journal, des draps.

ployer

donner une ***courbure*** à une chose en rapprochant, ***sans les joindre,*** les extrémités ; courber, fléchir.

Ployer une branche, une tige de fer.
Ployer sous un fardeau.
Ployer les genoux.

plisser

marquer de plis, faire des plis ***réguliers.***

Plisser une jupe.

pommé

arrondi comme une pomme.

Chou **pommé.** Laitue **pommée.**

pommelé

marqué de taches rondes.

Ciel **pommelé** *(couvert de petits nuages blancs, **arrondis**)*

Cheval **pommelé** *(dont la robe est couverte de taches **rondes,** grises ou blanches)*.

---

populaire

qui est relatif au ***peuple,*** qui lui appartient, qui est conforme à ses goûts *(**peuple,*** en opposition à *bourgeoisie, aristocratie)*.

Le langage **populaire.** Les masses **populaires.**

Des mesures **populaires** (ou *impopulaires*).

Des chansons, des romans **populaires.**

populeux

très peuplé.

Des villes **populeuses.**

- Les banlieues des grandes villes sont souvent **populeuses** ***(très peuplées)*** et **populaires** *(ses habitants appartiennent au **peuple,** à la classe **populaire**)*.

---

pouvoir

avoir la faculté, être capable de faire quelque chose.

Peux-tu porter cette valise ?

pourvoir

fournir ce qui est nécessaire, ce qui manque ; doter.

L'aîné **pourvoit** à l'entretien de la famille.

Cet homme **est pourvu** de grandes qualités.

- **Se pourvoir** *(en droit)* :
  recourir à un tribunal supérieur ; former un **pourvoi.**
  Se pourvoir en cassation.

précéder

aller, marcher devant ; être placé immédiatement avant.

Le berger **précédait** le troupeau.

L'aube **précède** l'aurore.

procéder

agir, exécuter une tâche ***d'une certaine manière.***

Procéder à un inventaire, à l'examen d'un dossier, à une enquête.

Procéder par élimination, par ordre.

Procéder avec méthode.

> • **Procéder** *de :*
>
> tirer son origine, provenir de.
>
> Ce monstre semblait **procéder** de l'homme et de l'animal.

---

précurseur

1 - *Adjectif :* qui précède, qui annonce.

les signes **précurseurs** d'un orage, d'une maladie.

2 - *Nom :* celui qui prépare la venue de quelqu'un ou de quelque chose.

Jean-Baptiste, le **précurseur** de Jésus.

Les **précurseurs** du romantisme.

prédécesseur

celui qui a précédé quelqu'un ***dans un emploi, une fonction, une dignité.***

Le président rend hommage à son **prédécesseur.**

> • La personne qui marche devant moi me **précède,** mais elle n'est pas pour autant mon **prédécesseur.**
>
> • **Précurseur** et **prédécesseur** n'ont pas de *correspondant féminin.*

primauté

premier rang, supériorité.

Cet artisan veut s'assurer la **primauté** dans son métier.

La **primauté** du spirituel sur le temporel.

priorité

droit de passer avant, de faire une chose avant une autre.

L'automobiliste n'a pas respecté la **priorité** à droite.

Cette année, le budget sera discuté en **priorité.**

---

production

action de produire, résultat de cette action.

Les moyens de **production** *(machines, personnel)*

La **production** de l'acier, de l'électricité.

productivité

rendement, ***en quantité,*** mais aussi ***en qualité,*** par rapport aux divers facteurs de production *(énergie, main-d'œuvre, outillage).*

Accroître la **productivité** d'une entreprise.

---

prolongation *(temps)*

temps accordé en plus.

La **prolongation** d'un délai, d'un congé.

prolongement *(espace)*

augmentation de longueur.

Le **prolongement** d'une autoroute.

- *Au figuré (pluriel le plus souvent) :*

  suites, conséquences.

  Les **prolongements** d'une affaire.

quiproquo

erreur, méprise qui fait prendre ***une personne, une chose, pour une autre.***

Cette comédie est pleine de **quiproquos.**

Il y a **quiproquo,** nous ne parlons pas de la même personne.

malentendu *(du verbe **entendre**)*

paroles, actions mal interprétées, mal comprises.

Leur discorde provient d'un simple **malentendu.**

Dissiper un **malentendu.**

Un **malentendu** diplomatique.

---

rabattre - rebattre

L'expression **"rebattre les oreilles"** *à quelqu'un, de quelque chose,* signifie ***répéter sans cesse,*** *et* ***d'une manière ennuyeuse.*** **(rebattre** *et non* **rabattre).**

Il nous **rebat** les oreilles avec ses histoires.

C'est un sujet **rebattu** *(qui a été **souvent répété**).*

- On peut, bien sûr, **rabattre les oreilles** de quelqu'un, c'est-à-dire *les lui abaisser.*

  Son chapeau, trop enfoncé, lui **rabat** les oreilles.

- On dit aussi :

  Rabattre le caquet de quelqu'un.

  (le contraindre à se taire, à abandonner ses prétentions).

radier - rayer

— **radier** s'emploie pour les *personnes.*

Radier *quelqu'un* des listes électorales.

Cet *avocat* a été **radié** du barreau.

— **rayer** s'emploie pour les *choses.*

Rayer un *mot,* un *nom* sur un registre, une liste.

> • Pour **radier** *quelqu'un* d'une liste, il suffit de **rayer** son *nom.*

---

rancunier - rancuneux

Ces deux mots sont *synonymes,* mais **rancuneux** est *vieilli* ou *littéraire.* Seul **rancunier** est aujourd'hui d'un emploi courant.

Un garçon **rancunier,** une fille **rancunière.**

---

ranimer

redonner la *vigueur,* la *force,* l'*énergie,* le *mouvement.*

On **ranime** une personne évanouie.

L'air de la montagne **ranime** le convalescent.

Ranimer le feu, la flamme...

Ranimer l'ardeur. **Ranimer** la douleur.

Ranimer des haines, de vieilles rancunes.

réanimer

rendre *à la vie.*

Ce terme a surtout un emploi *médical.*

Les massages du cœur, les transfusions sanguines, permettent souvent de **réanimer** des blessés, des opérés.

> • **Réanimer** a pour nom correspondant **réanimation.**
>
> Le médecin procède à la **réanimation** de l'asphyxié.
>
> • La forme **ranimation** est rare.

ré, re *ou* **r** *(préfixe)*

On dit :

— **rajuster** *ou* **réajuster.**
rajustement *ou* **réajustement.**

— **rapprovisionner** *ou* **réapprovisionner.**
rapprovisionnement *ou* **réapprovisionnement.**

— **rassortir** *ou* **réassortir**
rassortiment *ou* **réassortiment.**

— **remployer** *ou* **réemployer**
remploi *ou* **réemploi.**

— **rengager** *ou* **réengager**
rengagement *ou* **réengagement.**

— **rapprendre** *ou* **réapprendre** *(pas de nom)*

— **récrire** *de préférence à* **réécrire** *(pas de nom)*

— **rembarquer, rembarquement** *(et non,* ***réem.****)*

— **réabonner, réabonnement,... réentendre.**

— **réhabiliter,... réhabituer,... rehausser** *(et non* ***ré****)*

— **rhabiller, rhabillage.**

— **rouvrir,** *mais* **réouverture.**

— **relire** un texte,... **réélire** un président.

recouvrer

1 - rentrer en possession d'une chose ***dont on avait été privé.***

Recouvrer la santé, la raison, la vue, l'usage de ses membres, la liberté, l'amitié...

Cet État **a recouvré** son indépendance.

2 - recevoir le paiement des sommes dues.

Recouvrer une créance, des taxes, des impôts.

retrouver

trouver, ***par hasard ou après recherche,*** ce qu'on avait *perdu, oublié.*

Retrouver sa montre, ses clefs,... son chemin.
Retrouver un emploi,... des amis d'enfance.

- **Récupérer,** *synonyme* de **recouvrer,** s'applique de préférence aux *biens matériels.*

  Un malade **recouvre** la *santé.*
  On **récupère** des *bijoux* volés.

- **Recouvrir :**

  couvrir de nouveau, complètement.

  Le tapissier **recouvre** un fauteuil.

- **Recouvrer** est du *1er groupe,* tandis que **recouvrir** appartient au *3e groupe.*

Passé simple :	L'aveugle **recouvra** la vue. La neige **recouvrit** le sol.
Passé composé :	Il **a recouvré** la vue. Elle **a recouvert** le sol.
Futur simple :	Il **recouvrera** la vue. Elle **recouvrira** le sol.

---

reddition

action de rendre ou de se rendre.

La **reddition** de comptes.
La **reddition** d'une armée.

réédition

action de ***rééditer,*** édition nouvelle.

La **réédition** d'un dictionnaire.

remettre

On **remet** ce qu'on avait ***reçu en dépôt.***

Je vous **remets** le coffret que vous m'aviez confié

rendre

On **rend** ce qu'on avait ***emprunté.*** On peut aussi **rendre** ce qu'on avait ***reçu en cadeau*** ou ***en don.***

Je vous **rends** le livre que vous m'aviez prêté.

Elle **a rendu** la bague à son fiancé.

restituer

On **restitue** ce qu'on avait ***volé*** ou ce qu'on ***détenait indûment.***

Le *receleur* a dû **restituer** les bijoux.

---

rémunération

prix dont on paie un travail, un service.

Une **rémunération** en ***espèces*** *(argent)* ou en ***nature*** *(produits agricoles, industriels...)*

- L'*ouvrier* touche un **salaire,** une **paye** (ou **paie**)
  l'*employé,* des **appointements.**
  le *fonctionnaire,* un **traitement.**
  le *militaire,* une **solde,** un **prêt.**
  l'*artiste,* un **cachet.**
  le *représentant,* des **commissions.**
  l'*avocat,* le *médecin,* le *notaire,* des **honoraires.**

- A noter que le terme **salaire** s'applique de plus en plus à *toute rémunération.*

  Le **salaire** minimum de croissance *(S.M.I.C.)*

sableux

qui est de la nature du sable ou qui en contient.

Un terrain **sableux.** Une eau **sableuse.**

sablonneux

qui contient beaucoup de sable ; recouvert naturellement de sable.

Une côte **sablonneuse.**

---

scission *(de scinder)*

division, partage, séparation.

La **scission** d'un parti, d'un syndicat.

session

temps pendant lequel siège une assemblée, un jury.

Les **sessions** de l'Assemblée nationale.

---

semblable

qui ressemble à..., qui est de même nature, de même qualité, de même valeur.

Les maisons de ce lotissement sont toutes **semblables.**

similaire

dans le langage commercial, se dit d'une chose qui est ***à peu près de même nature*** qu'une autre.

Le crémier vend du beurre, des œufs et autres produits **similaires.**

---

signaler

attirer l'attention sur.

Les clignotants servent à **signaler** un changement de direction.

signaliser

munir de signaux, de panneaux de signalisation.

Je vous ***signale*** que la nouvelle route n'est pas encore **signalisée.**

simuler

faire paraître comme réelle une chose qui ne l'est point, feindre.

Simuler une maladie, une grande colère.

stimuler

pousser à faire plus, à faire mieux, exciter.

Cet élève a besoin d'être **stimulé.**

Le gouvernement a pris des mesures pour **stimuler** l'industrie.

La marche **stimule** l'appétit.

- Ne pas confondre les noms correspondants

simulation (action de *simuler*) et **stimulation** (action de *stimuler*) avec :

émulation, sentiment qui pousse à égaler ou à surpasser les autres ***dans ce qu'ils font de bien.***

En **stimulant** certains élèves, le maître a su créer dans sa classe une saine **émulation.**

---

somptuaire

qui a pour objet de ***régler les dépenses*** et spécialement de ***restreindre les dépenses de luxe.***

Des projets **somptuaires** *(= des projets de dépenses)*

- On ne dit pas :

— *Des dépenses* ***somptuaires,*** mais *des dépenses* **excessives, exagérées.**

— *Des arts* **somptuaires** *(mosaïque, orfèvrerie),* mais *des arts* **non utilitaires.**

— *Des taxes* **somptuaires** *(taxes sur bateaux de plaisance, sur certaines voitures...),* mais *des taxes de* **luxe.**

somptueux

splendide, superbe, mais qui a nécessité ***de grandes dépenses,*** qui est coûteux.

Une résidence **somptueuse.**

Des festins, des cadeaux **somptueux.**

Mener un train de vie **somptueux.**

stalactite

concrétion calcaire qui ***tombe*** de la voûte d'une grotte.

stalagmite

concrétion calcaire qui ***monte*** du sol vers la voûte.

> • Pour éviter la confusion, un moyen *mnémotechnique :*
> La terminaison ***tite*** évoque pour nos oreilles l'action de ***tomber, mite*** celle de ***monter.***

---

stupéfait

immobile de surprise

Il resta **stupéfait** devant une telle insolence.

stupéfié

étonné au point de ne pouvoir réagir.

Cette nouvelle nous **a stupéfiés.**

> Comment éviter la confusion, assez fréquente, de ces deux ***synonymes*** ?...
>
> • **Stupéfait** n'est pas un ***participe passé*** mais un ***adjectif*** *(Il n'existe pas de verbe **"stupéfaire")**.* On peut donc le remplacer par un autre ***adjectif.***
>
> Martine, **stupéfaite** ***(honteuse),*** le laissa entrer.
>
> • **Stupéfié** est le ***participe passé*** du verbe ***stupéfier.***
>
> Sa déclaration **a stupéfié** ***(stupéfia)*** l'assemblée.
>
> • **Stupéfait** ne peut se construire qu'avec ***de,*** **stupéfié** avec ***par.***
>
> ***On est*** **stupéfait** ***de...,*** on est **stupéfié** ***par...***
> Je suis **stupéfait** ***de*** le trouver ici,
> *mais :* Je suis **stupéfié** ***par*** sa réponse.

teindre

imbiber, imprégner d'une substance colorante, la ***teinture.***

Teindre une robe.

Se **teindre** les cheveux.

teinter

colorer ***légèrement*** ; donner une teinte ***fugitive.***

Teinter de l'eau avec du vin.

La colère lui **teinte** le visage.

---

translucide

qui laisse passer ***seulement la lumière,*** une lumière diffuse.

Une porcelaine **translucide.**

Le verre dépoli est **translucide.**

transparent

qui laisse passer la lumière et permet de ***distinguer*** nettement les ***objets*** à travers son épaisseur.

L'eau claire est **transparente.**

Des vitres **transparentes.**

- **Opaque** *(contraire de* ***transparent****)* :
qui ne laisse pas passer la lumière.
Un corps **opaque.**

---

usagé

qui a beaucoup servi, mais n'est pas forcément détérioré. On ***peut encore*** en faire ***usage.***

Des livres, des vêtements **usagés.**

usé

altéré, mis ***hors d'usage*** par un emploi prolongé.

Il remplace des pneus **usés** par des pneus ***usagés.***

Des eaux **usées** *(polluées).*

Un homme **usé** *(fatigué, affaibli).*

vénéneux

qui contient du poison.

Des champignons **vénéneux.**

La belladone, la ciguë sont des plantes **vénéneuses.**

Les moules, les huîtres peuvent être **vénéneuses.**

Sels **vénéneux** des minéraux *(cuivre : vert-de-gris)*

venimeux

s'applique à un animal qui a du ***venin,*** et un organe pour le transmettre.

Le cobra, la vipère sont des serpents **venimeux.**

Scorpion **venimeux** - Araignée **venimeuse.**

Au figuré :

haineux, méchant.

Des propos **venimeux.**

---

vinicole

qui a rapport à la ***production*** du ***vin,*** à sa fabrication.

Industrie **vinicole.**

viticole

relatif à la ***culture*** de la ***vigne.***

Région **viticole** - Crise **viticole.**

BARBARISMES ET SOLECISMES

- Le **barbarisme** est une faute contre le **vocabulaire.**

On utilise :

— *des mots forgés (inventés)* ou *déformés* : il *courira (pour* il **courra**), *grader (pour* **graduer**), *dilemne (pour* **dilemme**)*rénumérer* (*pour* **rémunérer**)...

— ou bien, on emploie un *mot dans un sens qu'il n'a pas : infecter (pour* **infester**), *éminent (pour* **imminent**)...

Tous ces *mots ainsi utilisés* (*courira, dilemne, éminent...*) sont des **barbarismes.**

- Le **solécisme** est une faute contre la **syntaxe** :
  Je *suis été (pour* je **suis allé**) est un **solécisme.**

de même :

Pallier à un inconvénient *(pour* **pallier** un inconvénient).
Un bel azalée *(pour* **une belle** azalée).

PRINCIPAUX BARBARISMES ET SOLECISMES (1)

On ne dit pas	*On dit*
J'ai rêvé *à* vous.	J'ai rêvé **de** vous.
Je pars *à* Paris, *en* Suède.	...**pour** Paris, **pour** la...
Il *se l'est* accaparé.	Il **l'a** accaparé.
Un magasin bien *achalandé.*(2)	...bien **approvisionné.**
Je *me suis en allé.*	Je **m'en suis allé.**
Elle *appréhende* sortir la nuit.	Elle **appréhende de...**
La clef est *après* la porte.	La clef est **à** *(ou* **sur**)...
On demande *après* lui.	On **le** demande.
Il est furieux *après* vous.	Il est furieux **contre...**
Il *n'arrête pas* de parler.	Il **ne cesse** de parler.
Aussi bizarre que cela...	**Si** bizarre que cela...
Lui *aussi*, il ne sait pas.	Lui **non plus,** il ne...
Aussitôt son retour.	**Dès** son retour.
Il est fâché *avec* son voisin.	Il est fâché **contre...**

(1) On trouvera également de nombreux exemples de **barbarismes** et de **solécismes** à la place alphabétique des mots.

(2) en marchandises.

On ne dit pas	*On dit*
Travailler en *bras* de chemise.	Travailler en **manches...**
Dans le *but* de...	Dans le **dessein** de...
Il est peu *causant.*	Il est peu **loquace.**
Il *a des chances* d'échouer.	Il **risque** d'échouer.
Mou comme une *chique.*	Mou comme une **chiffe.**
Condamné par *coutumace.*	... **par contumace.**
Sa *dame,* sa *demoiselle.*	Sa **femme,** sa **fille.**
Dessus la table, *dessous* le buffet	**Sur** la table, **sous...**
Ce n'est pas *de ma faute.*	Ce n'est pas **ma faute.**
Donne *moi le,* donne *moi (z')en*	Donne **le moi,**...**m'en.**
A *votre dépens.*	A **vos dépens.**
Gagner 40 F *de l'heure.*	Gagner 40 F **l'heure.**
Je reviens *de suite.*	... **immédiatement.**
Il travaille *de trop.*	Il travaille **trop.**
Se faire une entorse.	**Se donner** une entorse.
Une erreur *s'est glissée.*	... **a été commise.**
A la bonne *flanquette.*	A la bonne **franquette.**
Elle a l'air *gentille.*	Elle a **l'air gentil.**
Il *s'en est guère* fallu.	Il **ne s'en est guère...**
D'*ici* jeudi.	D'**ici à** jeudi.
Vous n'êtes pas *sans ignorer.*	...**sans savoir.**
Cela *m'indiffère.*	Cela **m'est indifférent.**
L'*infractus* du myocarde.	L'**infarctus** du myocarde.
Jouir d'une *mauvaise* santé.	**Souffrir** d'une **mauvaise...**
Des risques réduits au *maximum.*	...réduits au **minimum.**
J'ai mal à *ma* jambe.	J'ai mal à **la** jambe.
Il était *presque* mort, *à demi...*	...**sur le point de mourir.**
Une *pantomine.*	Une **pantomime** *(mime).*
Il fait *pareil que* vous.	Il fait **comme** vous.
Des soucis *pécuniers.*	Des soucis **pécuniaires.**
Une occasion à *profiter.*	Une occasion à **saisir.**
Il est arrivé *quand* lui.	...**en même temps que...**
D'*où que* tu viens ?	**D'où viens-tu ?**
A quoi *que tu penses ?*	A quoi **penses-tu ?**
Bien qu'il *est plus âgé.*	Bien qu'il **soit plus âgé.**

On ne dit pas	*On dit*
Il sait mieux que *quiconque.*	... que **personne.**
Je *m'en rappelle.*	Je **m'en souviens.**
Il *reste* rue Neuve.	Il **demeure** rue Neuve.
Comme si *rien* n'était.	Comme si **de rien ...**
Il *risque* de réussir.	Il **a des chances ...**
Le *soi-disant* cadavre.	Le **prétendu** cadavre.
Solutionner un problème.	**Résoudre** un problème.
Et tout ce qui *s'en suit.*	Et tout ce qui **s'ensuit.**
A dix heures *sonnant.*	A dix heures **sonnantes**
Lire *sur* le journal.	Lire **dans** le journal.
Surtout que...	**D'autant plus que...**
Tâchez moyen de...	**Faites votre possible pour**
Il l'a reçu *tel que .*	Il l'a reçu **tel quel.**
Vitupérer contre quelqu'un.	**Vitupérer** quelqu'un.
Il a des torts *vis à vis de* moi.	Il a des torts **envers** moi.
Ne m'en *voulez* pas si...	Ne m'en **veuillez** pas si...

PLEONASMES

• Un **pléonasme** est une **répétition de mots** ayant **le même sens.**

Cette **répétition,** qui est le plus souvent **inconsciente** (**monter** *en haut,* **descendre** *en bas*), est parfois **voulue** *(donc justifiée)* pour donner plus de force à l'expression.

Je l'ai **vu**, de mes propres yeux **vu.**

PRINCIPAUX PLEONASMES(1)

On ne dit pas	*On dit*
Abolir *entièrement.*	**Abolir.**
Achever *complètement.*	**Achever.**
Ajouter *en plus.*	**Ajouter.**

(1) - Quand *l'un des deux termes* est *déterminé,* il n'y a plus pléonasme : monter **en haut de l'échelle** ; voler **dans l'air pur...**

On ne dit pas	*On dit*
L'**apanage** *exclusif.*	L'**apanage.**
Au *maximum de* son **apogée.**	A son **apogée.**
*Au jour d'***aujourd'hui.**	**Aujourd'hui.**
Cela s'est avéré *vrai.*	**Cela s'est avéré .**
Collaborer *ensemble.*	**Collaborer.**
Comparer *ensemble (entre eux).*	**Comparer.**
Dépêchez-vous *vite.*	**Dépêchez-vous.**
Etre contraint *malgré soi.*	**Etre contraint.**
Une **dune** *de sable.*	Une **dune.**
Enchevêtrés *les uns dans...*	**Enchevêtrés.**
S'entraider *mutuellement.*	**S'entraider.**
Et *puis* **après.**	**Et après, après.**
Une **erreur** *involontaire.*	Une **erreur.**
L'**étiage** *le plus bas.*	L'**étiage.**
Un **hasard** *imprévu.*	Un **hasard.**
Une **hémorragie** *de sang.*	Une **hémorragie.**
En **une heure** *de temps.*	En **une heure.**
Une *petite* **maisonnette.**	Une **maisonnette.**
Marcher *à pied.*	**Marcher.**
Au *grand* **maximum.**	**Au maximum.**
Le **monopole** *exclusif.*	Le **monopole.**
Un *petit* **nain.**	Un **nain.**
La **panacée** *universelle.*	La **panacée.**
Un *petit* **peu.**	**Un peu.**
Préférer *plutôt.*	**Préférer.**
Préparer *à l'avance.*	**Préparer.**
Prévoir *d'avance.*	**Prévoir.**
Progresser *en avant.*	**Progresser.**
Reculer *en arrière.*	**Reculer.**
Répéter *de nouveau.*	**Répéter.**
Se réunir *ensemble.*	**Se réunir.**
Il suffit *simplement.*	**Il suffit.**
Suivre *derrière.*	**Suivre.**
Terminer *complètement.*	**Terminer.**
La **topographie** *des lieux.*	La **topographie.**
Ils sont *tous* **unanimes.**	Ils sont **unanimes.**
Voler *dans l'air, en l'air.*	**Voler.**